JN440404

뒤가 이쁜

전해선 시집

문학의전당 시인선
221

뒤가 이쁜

전해선 시집

문학의전당

시인의 말

언제부터였을까. 내 안에서 웅웅거리는 말의 울음이 들리기 시작한 것은. 기저귀를 갈고 도시락을 싸고 콩나물 100원어치와 실랑이하는 동안 모기만 한 소리는 점점 자라서 귀를 훌쩍 넘겼다.

운명과 숙명이라는 단어에 스스로를 닫아걸었다. 가을마다 어김없이 물드는 단풍이 지난해의 단풍이 아니고, 날마다 붉은 피를 토하는 노을도 어제의 노을이 아님을 깨닫기 시작하면서, 사라지는 것들에게 말 걸기를 시작했다. 지금 이 시간도 이미 묻히고 있음에…….

늦은 걸음이지만 보다 맑은 샘물 길어 올리리라. 세상의 사물들이 지니고 있는 저만의 고유한 소리에 오래오래 귀를 기울여보리라.

2016년 1월 20일
전해선

차례

시인의 말

제1부

쑥떡 13
아버지 14
약이 필요해 16
빈 밥사발 18
눈 오시는 날 20
좋은 남자 21
빗 22
무딘 칼날 24
손짓하는 바다 26
오늘의 운세 28
오랜 나무 아래 29
종갓집 30
참꽃 32
공통점 34
새벽 세 시 35
흙손 36

제2부

시끄러운 여백 39

속눈썹 40

깊은 눈 41

뒤가 이쁜 42

꿈꾸는 하늘 43

멸치 기르는 여자 44

다 쓴 볼펜 46

우리 집 푸비 47

씨 없는 수박 48

달령 50

감포항 풍경 53

꽃무릇 54

그들을 응원합니다 56

말하는 손 58

계단을 내려온 별 60

울산 62

제3부

도라지 꽃 65
권태 66
시간의 길 68
탱자나무 70
가을이 지나가는 자리 72
끅끅 73
들판의 꿈 74
떠도는 나무 76
그곳 사람들 77
넘실거리는 너를 보다 78
갈까마귀 떼 80
살아나는 몸 82
정수기는 내장이다 84
반상회 86
어느 하루 88
우포늪에서 90

제4부

좋은 날 93
밤의 길목 94
꽃샘추위 96
스산한 비움 97
짱뚱어 98
보호막 99
낡은 집 100
슬도의 노래 102
이슬 103
새순을 키우며 104
입동 106
눈을 감고 107
백로 108
귀 자라는 남자 109
문지를수록 도드라지는 110
차를 따다가 112

해설 | 추억의 힘, 또는 위로(慰勞)의 경도(傾倒) 113
백인덕(시인)

제1부

쑥떡

쑥닥쑥닥
세 여자가 숭덩숭덩 쑥을 캔다
대바구니 대신 비닐봉지 속에
차곡차곡 쌓이는 아득한 이야기 속에
설핏설핏 나타나는 옛사람
몽당치마 저고리 앞섶 검댕도 따라 나오고
개다리소반 위
김 오르는 밥상도 보인다
옛이야기 품은 칼놀림에 개미 떼 혼비백산 흩어지고
철 이른 날벌레 눈앞에서 어지러이
다가든 봄볕이 콧등을 물들여도
행여 오늘 놓칠세라 돌아갈 일 안 물어보고
껌벅껌벅 눈뜬 개구리 엉성한 발놀림
세 여자 웃음소리 봄 하늘이 출렁인다
쑥국, 쑥차, 쑥버무리, 쑥개떡, 쑥인절미
있는 대로 늘어놓고
추억을 캐는 봄 여자들

아버지

날마다 새벽
푸르스름한 달빛 격자창을 물들이면
칼바람이 그려놓은 얼음 성애
소한을 앞당기고
아직은 눈뜰 시간 아니야
이부자락 머리까지 덮어쓰는데
부엌에서 들려오는 달그락달그락
엄마는 아침을 만들지요
일렁대는 오동나무 가지 사이사이로
별빛마저 겁에 질린 새벽,
어둠을 밟고 가는 통역의 시간
할머니의 따신 방안
두꺼운 솜이불에 눈 못 뜨는 손주들
쿨렁쿨렁 잔기침 따라 발소리 멀어지면
앞다투어 그 방으로 몰려갔더래요
숭늉으로 입을 헹군 두레밥상
옥사발에 반은 남은 쌀밥과
참기름 냄새 고소한 김 대여섯 장

살살 녹는 그것들을 집어먹으며
혀끝의 열락을 누리던 시간
깨알 같던 날들은
철들 무렵까지 이어졌지요
강물은 거듭 흘러
그 당시 아버지의 누나가 된 나이
식구들의 밥을 푸고
김을 굽다가
저승 사시는 당신의 모습
둘도 되고 셋도 되네요
버석대는 아침을 뚜벅뚜벅 걸어와
신 벗고 발 벗고 두 손 모아
우리들의 식탁 위에
푸짐하게 살아계시는
먹음직한 당신

약이 필요해

세상 참 좋아졌습니다
울 엄마 젊은 시절만 해도 언감생심 사치라니
양잿물에 빨래 삶고 사분으로 머리 감고
걸레엔 아깝다고 비누칠도 못했지요
알사탕 한 개면 한나절이 행복했고
종이 인형 하나로 일주일이 즐거웠던 때
울 엄마 최고 멋내기는 동동구리무 한 통에 빨강 립스틱
유똥 한복에 구슬가방, 양산까지 받쳐 든 그 눈부신 모습
벽장 속에 아껴둔
꽃자수 버선에 흰 코고무신은
꿈에 그리던 행복의 완성 아니었을까요
멸치젓에 꽁보리밥, 막장에 풋고추 몇 개
시래깃국에 밥 말아 먹어도 마음 편한
그곳이 극락이라고

몇 해 전 위 수술 받고 하시는 말씀
말 마라, 우리 젊었을 땐 전쟁과 가난으로
금목걸이, 손목시계가 무에더냐

지금 세상은 행복 그 자체지
이런 세상이 나는 좋구나
활짝 웃으며 쌀밥을 이윽히 바라보시는
당신의 눈 속으로 B29가 날아갑니다
세상은 저절로 만들어진 게 아니라며
알약을 한 움큼 삼키십니다
작은 불편에도 참을 줄 모르는
저를 비로소 돌아봅니다

빈 밥사발

간절한 염원마다 주근깨로 영글더니
여자로 한없이 작아지는 당신
말갛게 씻긴 얼굴 주름마다
올 돋은 검버섯

넘친 적 없던 당신의 나날
더러는 승냥이 울음으로 물결쳤겠지요
푸른 시절 가는 줄도 모르고
검정고무신의 종종걸음 부산하고
오뉴월 부지깽이 그을음 자우룩이
정화수에 담긴 별빛마저
질린 듯 살얼음 맺힐 때
헌 담요에 말아 둔 아랫목의 기다림은
길고 긴 삭풍 되어 뼈마디를 얼렸습니다
웃자란 보리싹마냥 덜 여문

끝 간 데를 알고도 차마 못 닿는
욱아, 숙아, 가슴 아린 호명들

빈 그릇 속에서
살캉살캉

눈 오시는 날

성안 마을에는 아랫마을보다
눈 오는 시간이 길다
추위가 옷자락을 펼치면
쏟아진 눈은 그 자리에 눌러앉아
미안한 얼굴로 세상을 바라본다
억척으로 비워내어
쌓이고 쌓여야만 속이 풀리던
기막힌 동양화 한 편 그려놓고서
한 이불 덮자는 햇살에게 얼씨구나 시집간다
성안의 백옥 여자는
친어미의 눈길도, 이웃의 호기심도 나 몰라라 하더니
오는 것도 가는 것도 다 붙잡아두고
밤새 적막한 노래 부르다가
비로소 신방을 나선다
사방이 길이 되어도 길이 아닌
천지 속에 자취를 찾아 헤매어도
툭, 온몸 뒤채던 뽀얀 추억이
못내 그리워서

좋은 남자

울던 엉덩이가 웃습니다
웃음 참듯 양옆으로 실룩이는 날은
기분 좋은 일 있는 겁니다
울음 실린, 우울증에 걸린 엉덩이는
자꾸만 아래로 처집니다
한번 눈여겨보세요
사람들 뒷모습에서 뭐가 보이나요
한때는 못 견디게 세상이 싫어서
한 번도 웃어본 적 없는 여자의
살랑살랑 흔들리는 엉덩이가 보이나요
된장 뜨러 가요 하면서 웃는
그 모습에 무뚝뚝한 아저씨는 실눈을 뜨고
그런 겁니다 산다는 일은
그녀는 오늘도 된장을 뜨러 갑니다
밥 짓는 여자의 웃음이 환합니다
세상에서 가장 좋은 남자는
자기 여자를 웃게 하는 남자입니다

빗

얼레빗에서 참빗과 옥빗으로
시간의 올을 빗는 여인아
인도양 어느 해안과 태평양 갯가
그 푸른 소라로 만들었다는 고둥빗,
비너스가 그 빗으로 머리를 빗었다지

우리 할머니의 머리카락보다 낡은
툇마루 끝 줄줄이 늘어놓은 빗
다갈색 참한 자태 차마 건들지 못하고
성긴 얼레빗으로 한숨을 빗고
촘촘한 참빗 빛 고운 박달빗으로 마음 다듬어
흰 가르마 단정한 시간의 무게
몇 그램으로 동여지면
분홍 저고리에 옥색 스란치마*
금빛 햇살은 시간을 다투고
산그늘이 넘겨준 어둠을 뚫고
동구 밖을 나서는 할머니의 총총걸음
한 올 흐트러짐 없는

당신의 쪽진 머리 너머 하루해는 이울고
노곤한 버선목 털며 지팡이를 던지는 저녁
치마 끝에 매달리던 그 시절 어리광도
허리가 구부러져
차가운 우물물에 두툼한 손을 씻다

다시 아침이 오고
손녀의 참머리 땋아 주시던
더 낡을 데 없이 고운 손길
비너스의 어깨에 놓인 고둥빗 아니어도
당신의 가지런하던 흰머리 생각에
희끗한 중년의 머리카락 길게 풀어
올올이 빗어 내립니다
오래오래 당신을 빗겨 드립니다

---

* 스란치마: 한복에 봉황 꽃무늬를 수놓거나 금박 입힌 천을 치맛단으로 덧댄 치마.

무딘 칼날

날선 칼은 무섭습니다
동작이 어정뜬 사람은 날선 것들 앞에 서면
주눅이 듭니다 언젠가
새 칼을 차마 쓰지 못하고
헌 칼만 힘들게 썼드랬습니다
칼날로 써는 게 아니라
팔 힘으로 끊는 겁니다
어느 날 새 칼을 꺼내들다가
슬그머니 제자리에 갖다 둡니다
좀 더 무뎌질 때까지 기다리기로 합니다
며칠 지나 다시 새 칼을 꺼냅니다
큰 맘 먹고 쓰다가
손가락에서 솟는 피를 봅니다
아직은 서랍에 둬야겠습니다

사람도 날선 사람은 무섭습니다
그런 사람 앞에 서면
신경이 곤두서고 불안해집니다

마음을 베인 상처는 오래갑니다
해서 그런 사람을 피하게 됩니다
상처 입은 사람들은
오래된 칼을 좋아합니다
팔 힘으로 오이를 썰면서 안심합니다
새 칼은 아직 서랍 속에 있습니다
이 칼도 언젠가 무딘 칼이 되어
또각또각 요리를 할 것입니다

손짓하는 바다

체증처럼 가슴이 답답해지면
위장약 찾듯 그곳으로 달려간다
가늠할 수 없이 깊은 품에
뭉친 마음 풍덩풍덩 던져놓으면
물새가 긴 부리로 말을 집어
공중으로 날아올라 흩뿌려버린다
계절 없는 바람이 몸을 뒤척여
멍들고 으깨어져도 한마디 원망 않는
그 묵언 배우러
오늘도 허허 네게로 간다
넘실대는 파도에 찌꺼기를 부려놓고
안개 같은 속삭임 한마디쯤 건진다면
쓸리는 조가비의 이야기 들을 수 있다면
손가락 사이 흘러내리는 모래 따라
네 깊은 속살에 닿을 수 있게

아득히 먼 날에 보았지
가없는 모래밭

한나절을 걸어도 걸어도 수평선
그 은물결로 삽시간에 닥친 기세에
꼬꾸라질 듯 휘청거렸던 겁먹은 아이
간신히 물 밖으로 터뜨렸던 울음
아직 가슴이 쿵덕거리는데
긴 시간을 거슬러도
너 하나만은 곁에 두고 싶은

오늘의 운세

신문을 펼치면
빠뜨리지 않고 보는 난
귀인이 지켜줘 어려움 없고 심신이 편하다
이는 어제의 운세였고 오늘은
일이 잘 안 풀리고 아랫사람으로 인한 어려움이 많다
어제 오늘의 운세가 이토록 다르다니
어리둥절하다가 무슨 믿을 만한 정보라고
쯧쯧 스스로 혀를 찬다
그게 그렇지 뭐 마음을 다잡으면서도
자꾸만 신경 쓰이는 구절에
멀리 사는 자식들 안부를 걱정한다
재미로 보는 운세지만
좋게 나오면 기분이 좋고 안 좋으면
그까짓 것 통계일 뿐이라고 위안하면서
신문을 볼 때마다
재빨리 운세부터 훑어 내리는
이 못 말리는 지랄병

오랜 나무 아래

울산초등학교 운동장에는
아름드리 화화나무 한 그루 있다
곁에서는 보이지 않는
우러르고 우러르다
멀리 서야만 보이는 늠름한 풍채
그 아래
고물거리는 아이들의 고함
개미처럼 흩어지고
바람이 장난질하는
꼭꼭 숨어라 머리카락 보일라
코끼리 거죽 같은 노인 몇
꾸물꾸물
지난 시절 다 잊고
강아지 지나가고
고양이 지나가고
소나기 한 줄금 몰래 흩뿌리는

종갓집

물을 맑게 하라
옛사람 말씀 가만히 들여다보면
깊이 소리 나는 물길이 있더라
태어나서 몸을 씻기고
아침에 눈뜨면 세수하고
밥 먹을 때는 물 한 모금
잠잘 때 챙겨 두는 자리끼
물이 맑아야 목숨이 살더라
불상 앞에 올리는 물 한 그릇
머리 위에 뿌려지는 성수
간절한 모정도 정안수로 시작되고
물로 짓는 아침밥

물을 다스려라
산전 샘물로 자란 사람들 기품 웅대하고
이 탄탄한 터전도 그네들의 땀방울
대대로 허리 숙인 종부의 젖은 손
물길 차오르는 연어들의 지느러미 번뜩일 때

귀신고래의 기운찬 호흡 높이 솟구치더라
포구마다 새벽을 여는 풍어 합창
집집이 모아 닦은
마디 거친 손끝의 힘,
그 위에 울산이 서다

참꽃

넌 잊었어
봄을

너는 땅의 전령이 아니더냐
하나만은 진정 남기고 싶던 발밑에
비바람에 쫓겨 종종걸음 친 겨울로 누워 있었어
잊은 게 어디 너뿐일까마는
바윗덩이에 짓눌린 참담한 한숨은
쓰린 상처 끌어안고 흙속으로 스몄지
그랬어
속수무책 여윈 손가락 떨고 있는
안 보이는 속이라고 좋은 일만 있겠어
차디찬 입술 터져라 깨물다가
끝내 비명처럼 비집고 올라와
참은 웃음 트고 보니 연분홍이구나
꽃이다 진짜 꽃이다
까맣게 잊은 봄비와 나눈 약속 하나
기적처럼 눈앞에 펼쳐졌어

땅의 숨이 만들어낸
아직은 찬바람에 얼어 있는 속살
가장 따뜻한 입김을 불어
가만가만 안아본다

공통점

하늘과
구름과
바람이
미친 듯 펄럭이고 봉우리를 삼키면
억새도 쓰러져 울먹이는 시간
울타리를 삼킨 줄장미도
후드득 꽃잎 떨구고
공중에서 미쳐버린
비닐봉지의 춤사위
빨랫줄에 널린 옷들이
더는 매달리지 않겠다고 집게를 비틀고
대양을 달려온 물결마저 뭍을 향해 제 몸 부술 때면
내 안에 잠자던 폭풍이 일어
뒤채이고 휘청이고 헝클어지는
이 애끓는 심사
분명한 한 가지는
우리가 서로 닮았다는
희한한 동지애

새벽 세 시

노곤한 벽시계
시침과 분침 섞여 뚝뚝 떨어져 있다
몸 건너 몸들
계단 옆에는 여중생 너댓
아줌마 대여섯은 화장실 앞에 구부러졌다
텔레비전 곁에는 우람한 어깨들
명당자리에는 아빠와 아들
게임에 열중한 모습이 천하태평이다
저 홀로 끓는 방바닥에
등이 달라붙은 집 나온 사람들
나를 이방인처럼 본다
제각각 동상이몽에 빠져
찜질방이 찜질되고
시간을 잊은 꿈들이 무시로 들고나는
아득한 우주선에
차가운 물방울 하나
이마의 정중앙에 꽂힌다
화들짝 새벽이 깨어나고 있다

흙손

긴말 필요없지
그것은 질박하다
다져지고 말랑말랑 구워져
황토 내음 정겨운 토우들
넓은 정원 후미진 자리 옹기종기
닳고 닳은 기다림은 등불 하나 올려놓고
지나가는 발걸음 슬피 붙드는
혼자여도 혼자가 아닌
야심차게 벌이는 너의 축제
돌담 한 모퉁이에 세상 사는 이야기
밤늦도록 도란도란 풀어놓는
어진 그녀의 손가락은
꽃잎 이기고 진흙 다진 솜씨
우툴두툴 물 맑은 동네 만드니
귓불보다 부드러운
내 사랑아

제2부

시끄러운 여백

세상 한가운데로
저벅저벅 고요는 오고
긴 숨 토해내며 불 밝히는 어둠
청춘의 웃음이 잦아든 공간
포프라 잎 사이로 잔별이 돋아나면
제 모습 길게 늘이는 자동차의 불빛
묵은 책 냄새 아득한 교실
백과사전보다 깊은 선생님의 눈
시로 빚은 미소가 말갛게 흐르는 곳
주전자에 물 끓여 찻물 따르시는
푸른 정맥 도드라진 님의 침묵
꿀꺽꿀꺽 삼키면서 깊어가는
물 만난 시심
밤이슬 가지런히 다리를 펴면
오래오래 입 안으로 굴려보는
둥근 교실의 그
시 끓는 집

속눈썹

사춘기 무렵
한사코 동경했던 긴 속눈썹
당기고, 세우고, 실핀으로 올려붙이고
남몰래 해본 해프닝
못 말리는 원초적인 욕망
맹목적인 따라 하기는 무엇이었을까
속눈썹 긴 사람을 보면 안달이 나
웃음으로 얼버무린다

마른 인형 같은 여인이 앞에 앉으면
홀린 듯 그 눈을 들여다본다
속눈썹이 떨리는 내 중년의 숙제는
불안하게 흔들리는 모습이 왜 아름다운지
그 비밀 하나 알고 싶은 것

깊은 눈

헤아릴 길 없는 수렁
그 속으로 들어가본 적 있나
스산한 바람 맴도는 그곳은
쓸쓸함이 파랑파랑 일렁이고
바위처럼 둔감한 표정도 한 번쯤은 움찔,
부드러운 눈총에 찔려본 적 있을 것이다
오래 떠다니는 부유물 헤집으며
그물처럼 촘촘하던 통증
야누스의 얼굴들 틈에 섞여
스스로 숨을 끊는
처절한 마감
그 두려운 침묵이
서러운 웃물로 떠다니는 자리
저곳은 정말 너무 위험해
팽창한 슬픔의 다른 이름으로
사람들은 자신의 가슴을 닫아건다

뒤가 이쁜

은사시 나뭇잎은 떨어야 아름답다
바람이 멋들어지게 부는 날이면
돌아앉아 들썩이는 은빛 유혹
산산 골골이 황홀경에 빠지고
일시에 반짝이는 잎, 잎, 잎들
무수하게 번지는 바람의 얼굴
참 예쁘구나
천둥 벼락도 비껴 지나는
너의 다른 이름은 자작나무
누군가 이름을 불러줄 때마다
자작자작 자작자작 자작자작
신명에 겨워 웃다가 자지러지고
뒤집어져야만 은빛으로 떠는 너는
다시 등을 돌려
시치미 떼고 섰다

꿈꾸는 하늘

가없음이 마음을 당긴다
네 안으로 들어갈 길은
어디서나 가능하다지
생각은 바라는 방향으로 우리를 끌고 가지만
아주 가끔은
엉뚱한 곳으로 데려가기도 한다
그곳에는 화려한 궁전이 있고
신기루 같은 흰 말이 다가올 때도 있어
눈부신 말은 사람들을 태우고
들판을 지나고 언덕을 넘어가기도 하지
그곳엔 고통이나 슬픔도
그저 꿈만 같아서
한 생이 하루처럼 꼬리를 물고 지나가고
어제 지나간 저녁이 돌아오면
천천히 굴러가는 달구지가 타고 싶어라
잠깐의 낮잠이 두려운 사람들을 싣고
소리치는 바람은 까마득히
먼 빛 속으로 사라지는

멸치 기르는 여자

대구에 사는 그 여자
언제부터 멸치를 기르기 시작했습니다
사람들이 그럽니다
왜 꽃이나 풍경을 그리지 않느냐고
그녀는 그럽니다
그런 것은 굳이 그리지 않아도 지천이라고
한 마리, 두 마리, 열두 마리
혼을 불어넣은 멸치가 세상을 유영합니다
아파트, 빌딩, 공원에서 살아 있습니다
사람들이 멸치를 눈여겨봅니다
고래가 되고 사슴이 되고 구름이 된 멸치를
신기한 듯 들여다봅니다
멸치는 깊은 산골에도, 도심에도 생명을 퍼뜨립니다
그녀의 위로와 안심을 먹는 멸치는
방방곡곡을 헤엄쳐 다닙니다
어느 날
그녀의 미소가 여위어
밤잠을 쫓아내고 쉬는 시간을 줄인 몸은

점점 가벼워집니다
상처를 가슴에 담은 여자는
오늘도 멸치를 그립니다

다 쓴 볼펜

똥이 묻어 지저분한
볼펜을 미련 없이 던진다
날마다 속을 끄집어낸
이야기를 끄적이는 동안
얽히고설킨 사연들이 모습을 드러내고
출구를 못 찾은 말들이
휴지통 속으로 몸 던지는데
누군들 할 말을 다 하겠어
제 속 비워냈다고 말하지만
입술에 얹힌 쓸쓸한 미소는 감출 수 없어
불편한 낱말 하나 들고 쩔쩔매지
밀어낸 속엣말들이 꾸물꾸물 걸어오네
퍼질러야만 거름이 되는 똥
언제쯤 황금이 될까
참한 말 길어낼 그날이 올까
물음표 가득한 공간에 들이치는 빗소리
혼을 빼앗긴 너는 미동도 않고

우리 집 푸비

너는 갈색 바탕에 흑진주빛 동근 눈 까만 물코 도톰한 입술 폭신한 두 귀 통통 튀는 네 발바닥 백점 만점에 백점 외출에서 돌아와 문 여는 사이에도 버선발 닮은 현관이 환하다 원피스 터진 솔기 사이로 나온 저 발톱 떨어져라 흔드는 꼬리 보이지 않고 숨넘어가게 반기는 네 코끝이 극락이라 안방 건넌방 문 차마 고요해도 너만 아는 내 마음 네 마음은 내가 알고 어떤 인연의 고리를 맞춘 걸까 충심 맑은 눈동자 할 말 넘은 표정하며 울 밖 소식일랑 남의 이야기더라 영롱이라 하면 순수라고 말하려다 핑그르르 돌아 나오는 푸르름 닮은 눈물 하루하루 닦아내는 내 마음의 천수경

씨 없는 수박

씨 없는 수박이 괜히 태어났을까
오래전부터 고민해 온
갈수록 편한 것을 바라는 마음 때문에
이 지경까지 와버린 것
세상 살기 좋아졌다 해도 들여다보면
힘든 시절보다 삶의 점수는 바닥이고
허여멀건 얼굴 속에 찌푸린 뉴스
마음 한구석에 짠한데
옆집에 이사 온 서른일곱 새댁
아이는 갖지 않겠다며 생글거리네
씨앗을 남기는 일은 위험하다는 그 말에
곰곰
씨 없는 과일이 대세라는 소식은
씨방이 터져 흘러나오는
씨앗 같은 것
씨 그 씨앗이 있기에
태초의 지구를 그리워하는 게지
과일가게에서 수박을 사서

그 속을 한참 꺼내보았지
빨간 속에 박힌 까만 씨가 또록또록 눈을 뜨고
미끈거리는 그것을 얼결에 삼켜버렸지
비로소 마음이 편안해져
뱃속에서 넝쿨 지는 영기를 느꼈어

달령

산 너머 산
선 너머 산
바람의 언덕이 거제도뿐이랴
바다를 넘어 오는 바람과
달을 만나러 가는 바람이
만나는 자리에
네게로 가는
내게로 오는
발끝을 스치는 소리
징징 뒤꿈치 감아 도는 너
언덕 너머 재를 향해
숨은 골짝마다 품어 안는
무룡산에서 동대산 가는 사이 그 움푹한 길 따라
홍골 저수지와 박상진 의사 추모공원 맴돌다가
서당골 화산못 도솔암에 이르러 마른 목을 축이고

길 따라 숲
숲 따라 길

산새들 노래하는 돌벽재 신홍재 마동재를 거쳐
다음재 다음골 담박골 내친김에 달린다
우음골 갈밭골 홈골 고루고루 일별하는
의인의 마음 한결같아라
가쁜 숨 고르며 소구부리재에 지게 부린
소 등에 올라탄 꼬마신랑 떨어질까
실바람도 걸음 멈추던
그 산등성이에 가면 앉아서 쉬자
송정과 강동을 잇는
다가가면 사라지고 사라진 듯 나타나는
정자에서 못 보던 길 송정에서 보면 눈앞이라
사방팔방 축지법의 달인,
메마른 가슴 열면
산들바람 흐르는 거기에 네가 있다
미역초, 미역초, 또 미역초

벗님들 삼십 리 길 마다않고
등짐 지고 이고 다니던 굽이굽이

춘삼월 짧은 해 산 그림자 늘이는데
길게 참은 설움아 어깨를 털어라
네가 있어 내가 가고
내가 있어 네가 오니
돌고 돌아 끝없는 길
호계재, 큰재, 산에 들에 숨은 길마다
참나물, 보리수, 은방울꽃 천지
돌무덤에 엉기는 는개,
마파람은 어슬렁어슬렁
달 따러 오네

감포항 풍경

가는 길이 좁다라서
한눈에 들어오는 궁전, 여정, 이슬, 항구, 준, 동아, 태양
사잇길을 따라서도 어김없이 초원, 대양, 금빛, 등대, 탑
돌아 나오는 뒷길에도 전원, 강산, 칠칠, 상록수, 삼거리
손바닥만 한 어촌에
한 집 건너 다닥다닥 붙어 있는 다방
오직 그들만이
세상의 즐거움을 안다는 듯 들떠 있는
바닷속 물고기만큼
비릿한 분홍 빛깔 여흥이 골목을 떠돌고
거친 바다를 헤쳐 간 새벽 고깃배들
왁자하게 돌아와 항구의 여백을 지우는데
바다를 건너온 아라비아 사내들
갈지자로 기어들 때면
산마루에 걸린 해가
장밋빛 산불을 놓는다

꽃무릇

잎사귀는 저 아래 두고
기다림처럼 쭉 빼 올린
가락가락
가을이 아쉬운 얼굴
정해둔 방향 따로 마련한 듯
일시에 한쪽으로 고개 돌리네

가만히 다가가 눈맞춤하고
올 영근 까만 씨주머니를 따서
봄이 오면 너희의 꿈
너른 들판 찾아 정갈하게 펼쳐주마

기다림에 지쳐 분수처럼 솟아오른 갈증
숨벙숨벙 해갈시켜 주고픈 해질녘,
서늘해지는 기온 따라
성급히 담금질하는 씨방

엎드린 잎사귀들

잔물결로 즈려 감는 눈꺼풀 속
이슬을 머금고도 가슴 아린
주황색 눈시울

그들을 응원합니다

밥상 위의 수저
그 뒤편에 말라붙은 밥풀
김칫국물 얼룩진 행주
살강에 엎드린 간장종지
개수대에 밥그릇 담글 때
이불은 장롱을 열고 나와 엎어졌다
베란다에 쌓인, 꿈쩍 않는 헌책들
방 모서리에 뒹구는 양말짝
신발은 현관 바닥에서 서로를 포개고
못다 한 외출을 꿈꾸는데
야근으로 파김치가 된 나날
머리카락 사이로 헤벌어진 입술
드르릉 꿀꺽 엇박자 장단에
방구들이 풀썩이고
중천의 해도 뒤꿈치를 들고
오지 마 깍깍 오지 마 깍깍
까치의 허스키한 목소리 갈라 터져도
아침잠으로

열반 들자 열반 들자
더없이 평화로운

말하는 손

키 큰 나무 아래
앙증맞은 그것 내밀고
깨금발 진땀으로 휘늘어진 어깨
수세미 속같이 엉켜
무릎에 머리 기댄 철없는 고사리
낡은 소매 끝 그악스레 매달린다
언 바람에 푸르죽죽한 피부
헐어 터진 속을
헤집고 뒤집는 진드기 떼
단단하던 팔다리, 매끈한 손가락도
세파 따라 엿가락처럼 늘어지고
시시각각 가쁜 숨통 조여드는 해수기침
생강처럼 덕지덕지한 발가락
바람 들어 욱신거리는데
남은 한 방울까지 흡입하는
혀 놀림이 악착같다

손발톱 닳게 길어 올린

하루치의 양식 바닥나고
툇마루 끄트머리로 돌아앉은 저녁
큼큼 기침 소리 허공을 건드릴 때면
천천히 휘감아 도는 물안개
훌쩍훌쩍 어둠을 닦는

계단을 내려온 별

까마득하다
밤하늘 올려다본 적은
그 옛날
샛별 따라 대문 나서고
개밥바라기별 떠오를 시간이어도
한번 닫힌 마음의 문 열기가 어렵고
빠르게 휙휙 그어지는
세상 고단한 이야기들은
얼크러진 실타래만 같아
빌딩들 높이만큼씩 가려진 하늘에다
가슴의 불씨 지피는 사람들
지상의 가장 한적한 곳으로 찾아간다
별은 별을 부르고
하나둘 타들어 가는 허공은
처연한 별이 되어 반짝인다
마음껏 뿜어낸 우주의 심호흡
태초부터 그렇게 빛났던가
어둠을 사른 빛들이

유성으로 떨어지는 한밤
아파트 베란다
사내들의 입에서 탄생하는
불타는 별

울산

네 얼굴
찾아다니는 재미 쏠쏠하다
반구대 바위그림, 천전리각석, 방기리 알바위 유적, 언양 서부리 고인돌, 우불산 신사, 검단리 유적, 동축사, 태화사, 관문성, 처용암, 달천 철장, 태화강 재첩, 십리대숲 바람 소리, 강을 거슬러 오르는 연어의 힘찬 지느러미, 하늘 높이 뿜어 올리는 고래의 숨, 문수산 영롱한 별빛,
오토바이 핸들을 거머쥔 힘줄, 붉은 힘줄
굵은 손들이 문을 나서면
공장 앞 큰길이 빽빽하다
낙인찍힌 흔적도 사랑스런
울산은 길길이 장난감 하나씩 감춰두고 있다
굵고 짧게 살다 간 사람
만고의 충신 박제상
현대의 아버지 인간 정주영
웃음이 화통한 곳

뚝심 넘치는 근육질 다 나와라

제3부

도라지 꽃

칠월 땡볕
텃밭 가득 하양 그리고 보라
바람에 흔들리고 있다
향기 같은 건 상관없이
그 청순함에 홀려
기어이 한 포기 베란다에 옮겼는데
아뿔싸
하루도 안 돼
푹 목이 꺾인 가여운 생에게
소금에 절인 듯 마음 쓰려
오늘도 길 가다 들여다보고
한들거리는 네 허리께에 손 얹어보고
오래오래 어루만지고 돌아서다 그만
신발 끝에 묻어오는 여린 눈빛
일찍 하늘로 가버린 동생의
초롱한 눈망울만 같아서
잎사귀에 눈물 떨구는 꽃

권태

스스로 울리는 쇠는 저를 치고
허수로 열리는 어제 같은 오늘
쌀 불리고 감자 깎고 두부 썰고
맛을 알 수 없는 아침이 끝나면
수북이 쌓여 있는 밥그릇, 반찬 접시, 수저들
구정물 속에서 물거품 물고 있다
행주치마 내쳐 걸치고
이 방 저 방 구겨진 옷가지들
세탁기 속으로 던져 넣고
잠자리 뒤져 먼지 떨어내고
시끄러운 청소기로 시간을 돌리면
한나절이 저만큼 비껴 서는
날마다
끼니부터 챙기는 집안일
나른한 하품은 몸무게를 불리고
소파에 기대어 눈 붙인 하오는
잰걸음으로 흐린 등을 내건다
반찬이 어제 같다는 빈틈없는 투정

눌러 붙은 삭신 떼어낸 손에
질질 늘어지는 흰 봉투들의 부피
파김치 절은 저녁상 위로
햇살에 질린 달은 씻은 듯 무심하고
하루의 빗장을 거는,

이 겨드랑이 풀어지는 날

시간의 길

빈 하늘 가로지르는 전선 위
푸드득 깃을 터는 콩새 한 마리
허허로운 걸음 고즈넉한 그림자
햇볕이 성긴 계절을 터는 하오
흙마당 한 모퉁이
허리 굽은 할머니 사분사분
빨간 고추 널어 말리는 낡은 손
귀 허물어진 울담
어미젖 뗀 송아지, 닭, 고양이 제각각
반눈 떴다 감았다 오수에 들고
얼핏 들여다보이는 컴컴한 방
지푸라기 같은 할아버지의 기침이
새어나오다가 멎었다가
허리를 펴면 허공만 가득하던
할머니의 흐린 기억 속
투명하게 내려앉는 가을 하늘
토담 아래 맨드라미 갈무리에 바쁘고
강아지풀씨 까맣게 무거워진 등짝

그는 언제 왔을까
남은 시간 한 입에 삼켜버릴 듯
섬뜩한 잿빛 사마귀의 눈
화등잔 불빛을 삼키고
선선한 바람이
여름의 손을 잡고 바삐 걷는

탱자나무

고동을 삶아 먹을 때 하시던 엄마의 말씀
가서 울타리 가시 좀 잘라 오너라
손가락에 박힌 가시 빼낼 적에 엄마는
그 나무가시로 살 속 가시를 빼내곤 하셨지
나무가시는 독이 없어 괜찮다며
밥상을 물리고 나면 다시금
가시 좀 잘라오라 하시던
뾰족한 그 가시는 요긴한 이쑤시개였다
엄마는 가끔 혼잣소리를 하셨다
이것 봐라 얼마나 겁이 났으면
제 몸을 이토록 살벌하게 만들겠니
바느질하실 때 엄마의 입에서
옹알이 같은 노래가 흘러나왔다
한 고비 넘자 하니 굽이굽이 눈물이 나
엄마의 손은 갈고리가 되어갔다
윤기 흐르던 머리에도 서리가 내렸다
숨죽이던 당신의 노래 마디마디가
지금 내 입에서 흘러나온다

잠잠한 바위처럼 고요해진 엄마
그날의 내가 가시울타리 안을 들여다보고

가을이 지나가는 자리

무성 푸르던 잎사귀들이 길 위에 누워 있다 바람 불면 우수수 떨어지는 기억을 모아 양지바른 데로 쉬지 않고 자리를 옮긴다 가랑잎 같은 한 시절 편안히 눠일 곳 찾아 이리저리 뒹굴던 잎사귀들, 헐벗은 마음 심하게 웅크리고 빙빙 떠돌다가 가장 편한 자리에 구겨앉는다

텅텅 빈 논에는 허수아비 혼자 우줄거리는데 가로로 몸을 누인 볏가리도 따뜻한 집이 그리워 발가락 둥글게 말아 넣는다 서리 내린 텃밭에는 배추, 무, 파들이 파리한 얼굴을 내밀고 지나간 계절 쉬지 않고 논밭 지키던 반짝이 깃발들이 나른하게 하품하는 사이로 팔랑, 남은 한 잎이 떨어진다

끅끅

ㄷ형 집 가운데 네모반듯한 대청마루가 있었지 할머니 할아버지 엄마 아버지 언니 여동생이 살던 그때는 삼대독자인 남동생이 태어나기 전이었어 엄마와 아버지 두 분이 같은 방을 쓰고 세 자매는 할머니 할아버지 방에서 제비같이 재재거렸지 귀가 트여가던 나이였나 봐 사위가 괴괴한 한낮이었어 그날따라 일찍 학교에서 돌아와 대문을 들어서다가 이상한 소리를 따라 부엌 앞에서 멈추었는데, 엄마가 손으로 입을 가리고 숨죽여 우는 모습을 보았던 거야 왠지 두려운 마음에 도둑걸음으로 앞마당을 돌아 나와 흘러내리는 눈물을 훔쳤어 어른이 아니 엄마가 운다는 사실이 믿기지 않았더랬어

수십 년이 흘렀지 내가 어른이 되어 자식을 기르며 산다는 일에 채고 넘어지면서 오래된 엄마의 울음, 그 진원지를 알게 되었어 언제부턴가 소리 죽여 우는 나를 본 거야

들판의 꿈

흰 머리카락 듬성듬성 휘날리며
낡은 자전거 타고 가는 할아버지
부러진 우산, 손때 찌든 가방이 철바구니 안에 팔베개로 늘어져 있다
둥둥 걷어 올린 흙 묻은 바짓단
힘줄 울근불근한 종아리 아래 생뚱맞은 나이키 양말, 아디너스 운동화
명절날, 자식들이 고향집에 버리고 간
신자마자 구멍 난 양말
몇 번이나 꿰매 신고 들일 나가신다
찌그러진 밀짚모자로도 성긴 머리 못다 가리고
까맣게 그을린 이마 굵은 주름이
밭고랑 같은 세월 신고 지나간다
신다 버린 양말보다 나달나달한 나날

뙤약볕 아래 얼큰한
막걸리 한 사발에 주름 깊은 할아버지
쿨쿨 낮잠이 달고나

자식들 티내고 간 한나절 웃음보다
따듯한 햇살 할아버지 얼굴을 파고들고

떠도는 나무

솔개마을 골매기 제당 사철나무
몇 년 전 울산대공원으로 차 타고 왔다
강제 이주에 골병든 몸
힘없이 늘어져 흐느적거린다
상처 속으로 파고든 오랏줄
팽팽하게 버티다가 통각마저 잃어버리고
조여드는 철삿줄 따라 내리는 수액
링거 매달고서 기신기신
어느 밤 몰래 내린 여우비에
연초록 손 내민 너
차오르는 향수로 기운 차리고
맵찬 칼바람 연민으로 다독여
질긴 생명의 수틀 붙잡고
한 땀 한 땀 시간을 깁는

그곳 사람들

이진, 나사, 신암, 대안, 운화, 고연
끝에 '리'자를 붙이면
동네가 되는
그곳은 별이 가깝습니다
틈만 나면 하늘과 손잡고 이야기하는
어진 바다로 달려가서
긴긴 마음을 풀어놓습니다
철썩철썩 바위를 때리다가
별일 없었다는 듯 물러서는 파도를 보며
넉넉해진 마음으로 살맛나는 다음을 준비합니다
위로받은 사람들이
힘찬 기지개로 시간을 여는 까닭은
어제 보이던 별들 아직 찬란하고
내일도 그러하리라 여기기 때문입니다
세상을 다녀간 사람마다 가벼워진 마음 그릇
한 발짝 별빛에 가까워지는

넘실거리는 너를 보다

천 개의 울음이 되어
공중으로 흩어지는 절규는
숨죽인 억눌림으로
소매를 적시고
어디서 시작됐는지
대체 누가
서 있을 수조차 없게 다리를 꺾었는지
가늠할 길 없는 이 아침에
조촐한 밥상 위로 날아든 비보
전신을 뒤틀며 천천히 가라앉는 여객선을
화면으로 볼 적에는 정말
영화의 한 장면인 줄 알았다
이제,
늑골 깊숙이 파인 구멍 메울 길 없어
가슴에 박힌 대못 빼줄 이 없고
떠다니는 시간 부둥켜안고 긴 울음 토했을
그 이름들이 꺼진 자리에서 망부석이 되는데
한날한시 한 궤에 던져진 목숨들

목울대를 차고 갈가리 찢어진다
바람 따라 나부끼는 노란 리본 하나씩 걸고
갈매기의 날갯짓도 지쳐가는 나날
손 놓은 시간들
꾸역꾸역 밥을 넣으면서
막막 퍼 먹으면서

갈까마귀 떼

초겨울 아침 동틀 무렵
구민 운동장 철봉에 매달려 하늘 보면
마주보며 키들거리는 장난꾸러기 잎사귀들
싱그런 잎들에게 눈인사 나누는데
어디에서 날아왔나
유리같이 투명한 창공에
새까맣게 덮어오는 새 떼
그들이 이른 새벽을 열고
무덕무덕 날아오르는 이유는

산다는 일은
눈뜨면 치러야 하는 거룩한 행사
먹이를 위해서 새벽 하품쯤
너끈히 견디는 일
괴발개발 파헤쳐진 혁신의 바람은
질긴 역사의 끊을 수 없는 내일

아침마다 한곳을 찾는 까닭은

아직도 그 시절을 잊지 못해서
그들의 턱밑과 멱들이 뿜어낸
함월산 아름드리 숲이 그리워서
부지런히 꿈속을 드나드는 날갯짓
해와 달의 고리를 끊은
까악까악 소리가 퍼뜩
어리친 환상을 깨운다

살아나는 몸

길을 가다가
재활용 마트 앞이면 걸음이 멈춥니다
유심히 안을 들여다보면
애지중지하던 세상이 거기 있습니다
헝겊으로 다리를 꾸민 낡은 의자에 눈이 갑니다
달아났던 나사들을 끌어 모아
듬직한 모습으로 태어난 다리
주사를 맞거나 뜸을 뜬 후로
생기를 찾아가는 무릎에
가만히 손을 대 봅니다
시도 때도 없이 보채는 아기 어르듯
물렁뼈를 달래는 시간이 길어지면
상처 입은 사물들이 눈을 붙듭니다
진열대 앞에는 뼈대 있는 물건들이 폼 잡고
털털거리는 선풍기 하나 구석으로 들앉습니다
락스와 광택제로 내상을 치료 중인 냉장고의
거대한 아가리가 가글가글 허파를 씻습니다
위장에 든 음식물들이 정갈해집니다

쌀알처럼 수북 쌓이는 햇살에 몸을 묻은 여자
그들과 같이 삐걱대는 무릎을 툭툭 칩니다
다시 잰걸음으로 걷고 있는
나를 봅니다

정수기는 내장이다

고객님의 다음 정수기 점검일은 12월 12일입니다
폰으로 찍힌 총알 문자
두 달 남았다
다리 쭉 뻗고 쌓인 싱크대 먼지
짝 잃은 냄비 뚜껑과 구겨진 채 처박혀 있는
각종 전단지와 비닐 그리고 SNS 삐라
점검원이 오기 전에 정리해야지

휘파람 같은 벨이 울리고
아차 그날이구나 또 잊었다
죄인처럼 졸아들며 현관문을 연다
점검원이 싱크대 이쪽저쪽
야무지게 닦을수록
곁눈질하는 이마에서 비칠비칠 땀이 난다
태연히 책 읽는 척
내 눈에도 볼썽사나우니
사인하라고 내미는 미소에 풀이 죽어
들켜버린 일상의 문을 닫는다

번번이 쌓이는 더께

오늘도 시비시비 지나간다

반상회

정자 바닷가
아린 바람 어지러운 모래밭 위
갈매기들 모여 부리를 모으고 있다
그 심각한 표정을 보면
중요한 일이 생긴 모양이다
바다가, 그 물빛이, 하늘과 맞닿은 몸이
희다, 먹빛이 걷히고 새하얗다
그래
계절이 바뀐다는 것은 큰일임에 틀림없어
아직 옆집 순이네도 집수리를 못했고
철수네도 보금자리를 잃었어
엊그제 태풍에 날아간 영희네 뒷간도
한파가 닥치기 전에 지어야 해
부리를 맞댄 모임은 오래 걸렸다
그들은 온 마음을 모아
이웃의 집을 지어주기로 한 것이다
집 짓는 시간이 늘어날수록 모임은 줄 테고
어제도 그렇게 모였는데 오늘

이 많은 새들이 부리를 맞대고 있다
구루구루 기룩기룩 구기룩
겨울이 왔다
파도는 눈처럼 차갑고
해안은 얼음처럼 딱딱하다
시간이 먹어버린 그들의 집
몸 뉠 곳 없는 어느 날
공중에 가득한 희디흰 깃털
휘적휘적 날고 있는 새의 혼령들
눈인지 눈물인지 모를 안개가
뿌옇게 망막을 가린다
흰빛은 점점 더 깊이 내리고
그들은 여전히 찬바람 속에서
한 방향을 보고 있다

어느 하루

언니
으응
스마트폰에서 울려나오는
칠 년 전의 수다가 쏟아지는 소리
망설임 없이 그러자, 하고
잊고 산 죄의식 치를 듯
첩첩이 쌓인 회포를 풀 듯
다가올 날 기다리는 가슴이 설렌다
드디어 그날
장롱 속 옷 다 끄집어내
이리 대보고 저리 둘러보는데
느닷없이 걸려온 전화
언니
으응
갑자기 사정이 생겼다는 말에
기다린 만큼의 실망
누가 똑같은 마음이라 말한 적 없어
괜찮다며 손사래 치는 순간

보고 싶었어, 라는 말이
유월의 햇빛에 바래다가
시간의 발길에 차여 너덜거린다
말 못하는 사정을
굳이 알려고도 않는
빈 마음 덜컹대는 날

우포늪에서

적시고 적시고
조금 더 적시다가
마침내 삼켜버린
처음부터 그러려고 한 건 아닌데
발목을 적셔오던 그것
별것 아니라고 생각했지
못 헤어날 줄 알았다면
섣불리 다가가지 않았을 걸
미혹은 뛰어든 순간 늪이 되고
되돌리기엔 너무 늦었어
허우적댈수록 더 깊이 빨려드는
체념은 나른한 절망
예전부터 그곳에 떠돌던 울음
마지막 웅성거림이 사라지고
저무는 저녁에 젖어 울음 참는 갈대
무엇이 되었느냐고 묻지는 마

제4부

좋은 날

낙서가 틈 없이 겹쳐 있고
누렇게 찌든 벽에 기대어
어깨가 내려앉은 탁자 아래 어긋난 무릎
허리 없는 의자들이 후줄근한 저녁답
닭발, 도루묵구이, 콩나물국
초록으로 질린 소주 앞에 눈 부릅뜨고
질 수 없는 혀로 가슴을 찍어대는 짐승은
서로가 무서워 꼼짝하지 못한다
오수부동(午獸不動)
동강난 닭의 발이 무서워 울상인 지읒
소주 안주로는 닭발이 벼슬이라는 이응
닭발 요리가 자신 있다는 지읒
쐬주는 지기기 쏘겠디머
이마를 창백하게 수그리는 히읗
새 학기 일이 바빠 얼굴이 반쪽이 된 그까지
누덕누덕 상처뿐인 전봇대 하나 추가하니
가난한 어둠 속
쓰디쓴 보약을 마신 그날

밤의 길목

함부로 벗어던진
고린내 나는 양말
허물 같은 속옷이 옆구리에서 삐죽 얼굴을 내밀고
가려던 길이 어딘지
길 위에 코를 댄 채 엎드린 사람 하나
축축한 머리카락이 뺨에 들러붙어
가을 타는 피부의 허연 살비듬을 가리고
종횡으로 나뒹구는 신발 한 켤레
행인들 발부리에 차이다가
그도 함께 길을 걷어차고 있다
미처 참지 못하고 쏟아낸 토사물
그런 것들로 만신창이 된 남자가
안방처럼 편하게 등을 눕힌다
내려앉던 어둠이 끌끌 혀를 차고
입가에 핀 버캐를 문지르며
하루의 안식에 드는
어쩔 수 없는
그런 날이

쓰레기통 곁에서 푸푸
절간 휴식에 드는

꽃샘추위

눈엣가시 같은 봄,
앙칼진 손톱이 할퀴고 있다
숨죽이고 있던 생강나무
노란 꽃눈을 꽁꽁 얼려버린 삼월
참새미공원길 금잔디 그 사이사이
파랗게 돋는 어린것들 위로
백년손님처럼 눈발은 흩날리고
대지의 냉기를 떨쳐내는 연두 빛깔들
불쑥불쑥 제 몸을 연다
냉이, 쑥부쟁이의
끈질긴 생은 시작되고

스산한 비움

아침저녁 기온차가 커지고
떠나기 싫은 계절의 끝이 질기다
요란하던 풀벌레 울음이 수굿해지고
끓던 아스팔트 열기도 식었다
단물 오른 과실들이
높아가는 하늘에 마음을 뺏기고
고추잠자리의 비행도
빨갛게 어는 귀 바람을 예감하는지
서두르는 날갯짓이 바쁘다
억새의 하얀 머리카락이
바람을 타고 어디론가 날아간다
전하지 못한 갈바람의 은어들도
기나긴 동면을 준비해야 할 때
방금 실눈 뜬 떠돌이별 얼굴 위로
파리하게 소름이 돋는다

짱뚱어

자신의 의지와는 무관한 이름으로
질척한 운명을 휘젓고 있다
결코 갈치나 조기가 될 수 없어
뭉툭한 입과 짧은 꼬리로
시커먼 갯벌을 헤엄칠 때마다
토악질에 혼절할 때가 많았지만
그래도 잘 살았다
못내 잘 살았다 하며
사방팔방 흩어지는 게걸음 따라
타는 하루를 끌고 간다

보호막

겹겹이 싸인 옥수수 껍질을 벗겨내니
푹신한 수염 속에 꼬물거리는 벌레 한 마리
환해진 세상에 몸 둘 바를 모른다
스치면 연두 피부 생채기가 날 것 같은
날개를 달기엔 머언 먼 그 느린 움직임이
보금자리가 흡족한 듯 한껏 편하다
노란 주둥이로 벼려 온 시간은
입만이 아닐지도 몰라
세상이 공처럼 둥글다기에
끊임없이 날아오를 채비로 내일을 먹던 날들
그 아늑한 잠의 시간에 맞서
마수 같은 손길 따라 툭,
흙바닥에 뒹굴어도 놓지 못하는
불멸의 생애
제 몸뚱이 가려줄 자리로 기어간다

낡은 집

마음 담았던 옷 허물 벗고
새 옷을 입는다
입으면 그 사람이 되는 옷
오래 마음 준 시간을 지나
아득한 저기 어디쯤
영혼처럼 따라다니던 밥그릇 개수
빌딩 옥상을 가로지른 빨랫줄에
헝클어진 마음 걸쳐두고
바닥의 일은 바닥에게 맡기고
쓰레기더미에서 멀리 도망치자
기어이 잊고 싶은 기억은
헐린 담 모퉁이에 내던지자
아스팔트 포장 속으로 기어든
날선 언어들은 날마다 어깨춤을 춘다
어느 날부턴가 귓바퀴를 맴도는
짓눌려 흐느끼는 네 안의 나
한밤이면 지하 계단을 나다니는데
가을 아니어도 서늘한 초승달이

녹슨 마음자리에 보름달을 걸어 두면
해쓱해지는 어둠
세월에 넘어진 고장 난 이름들이
묵은 그림자 하나씩
희미하게 끄집어내고

슬도의 노래

계절의 들숨이 길다
파도 소리 휘감은 풀벌레의 울음이
거문고 음표와 함께 장단을 맞추다가
뜨거운 열기로 익힌 소금을 토해내면
농익은 과육처럼 살 오른 것들의 비린 내음이
코끝에서 깊은 자맥질을 한다
마마 자국이 꼬물대는 삶
달구어진 한낮이
갯가 생명들의 진한 땀방울에게
잔물결 한 자락씩 밀어 넣으면
세상에서 가장 아름다운 비파 소리 들려오고
물결에 마음 빼앗긴 태양이 스스로
길 비끼는 시간이 오면
옴팍한 자국자국 넘치는 그리움
가난한 생들이 썰물과 함께
세상 속으로 잠겨드는

이슬

따글따글 빛나는 별의 품 안에서
눈뜨는 자그마한 얼굴
아침 햇살에 순하게 일렁인다
발목을 적시는 풀의 길을 걸어
너에게 가면
은구슬 펼쳐 유혹하는 거미줄
솜털 보송한 버들개지
영롱한 너에게 따먹히는
오소소한 전율
밤 내내 사잇길을 돌아온
아련한 첫사랑 같은 설움으로
잡초 우거진 길을 걸어간다
이 순진한 들녘은
초록이라는 눈을 뜨고
너는 여린 손 흔들며
나에게로 오라,
보석 같은 반짝임으로
함께 단란할

새순을 키우며

고구마 두 알을 물에 담가 두었다
며칠 지나자 연한 싹이 돋기 시작했다
맹물만 먹고도 왕성한 생명력에
어안이 벙벙한데
하루가 다르게 뻗던 줄기가
누렇게 떡잎지기 시작했다
보기 흉하다고 떼어내다가 멈칫
손을 멈춘다
보기 흉한 것은 정녕 이 떡잎일까
당연한 듯 내쳐버리는 마음을 들여다본다
예쁜 것과 흉한 것의 경계에
나를 있게 해준 어른을 생각하며
이미 세상을 떠났거나
하루가 다르게 쪼그라드는 모습
지금의 내 얼굴
한 세대는 가고 한 세대가 오는 순리는
씻어도 씻어도 찐득한 고구마 체액처럼
지워지지 않는 생의 미련

고구마는 아직도
나머지 싹을 틔우고 있다

입동

서슬 퍼런 겨울이 큰 폭으로 다가듭니다
따뜻한 양지를 바라보더니
생각난 듯 목소리를 높입니다
만만한 상대를 찾았나 봅니다
볕에서 놀고 있는
껌 종이, 과자 봉지, 종이컵, 머리카락들
누군가에게 버려져 나뒹구는 그들을 끌고
마구잡이 내달립니다
방향도 없이 달리는 동안
나뭇가지가 쫙쫙 손톱자국을 냅니다
우지끈 팔뚝을 꺾습니다
드디어 움푹한 곳,
휩쓸린 것들 한 몸이 된 자리
광란도 잠시 숨을 고릅니다
오늘은 그에게도
두터운 외투가 필요한가 봅니다

눈을 감고

그리운 것들은
눈뜨고는 보이지 않아
가만히 눈을 감는다
눈을 감으면 온몸에 촉수가 자라
생각의 싹들이 움을 틔우고
둥치를 끌고 나온 가지는
기억이라는 낡은 기차를 타고
먼 여행을 떠난다
철컹철컹
녹슨 마디 흔들릴 때마다
다가서고 지나가는 풍경들
그 아득한 시간 속으로 터지는
시큰한 울음
되돌릴 수 없는 세월만 하염없이
밀고 당긴다

백로

아침 산책길
생각의 끝에서 아롱대는 물방울
운동화 얼룩도 짙어지고
뜨거운 계절
불볕 아래 알몸을 널고
남몰래 단련시킨 까만 눈망울
신열로 헤맨 밤 아니었다면
욕망은 무욕이라
이런 정갈함 만날 수 없지
뭉게구름은 무심히 비껴서 바라보고
실바람도 가만가만 숨죽이는데
잎잎이 겸허하게 젖어
처진 어깨 내리는 갈참나무
허리가 굽었다
염천 떨구는 발걸음이 빨라지고
하루가 다르게 익어가는 들녘
정직한 계절 쪽으로
걸어가는 순백의 새

귀 자라는 남자

그 남자
칼귀를 가졌더랬지
복 없다고
회사 명의도 집문서도 마나님 앞으로 해놓았어
오늘까지 잘 살아온 건 마나님 덕이라고
기죽어 지낸 세월 반백이 넘었는데
거울에 비친 얼굴 보고 아니,
세상에 이런 일이
어깨가 으쓱해진 남자
안방에서 큰소리쳤지
앞으론 내 덕에 살아갈 테니 그렇게 알라고
묵은 체증이 쑥 내려가고
세상이 만만하게 보였어
그 남자
묵직한 귓밥 만지며
하늘 향해 한바탕 웃어 젖혔지

문지를수록 도드라지는

허벅지에 생긴 종기를
한참 들여다본다
그 속에 기생하는 무언가를 향해
긁고 긁어대다가
더 크게 번지는 반점을 보고서야
약 바르고 반창고 붙였다
차츰 가려움은 수그러들고
그것은
마침내 스러졌다

어느 날 느닷없이 돋아나는
마음의 종기
거리를 서성이다가 한 모금 차를 마시다가
허적허적 동네 한 바퀴 돌다가
더욱 기승을 부리는 가려움에
거리마다 환한 벚꽃
화르륵 화르륵
한꺼번에 드러눕는

이 약도 없는

봄날

차를 따다가

한 생 꽃피우기도 전에
연한 살
똑 똑 부러뜨렸다

설움마저 이토록 향기롭다니!

그 향기에 알맞다는
아홉 번의 고비를 어찌 견딜지……

마음이 쓰다

해설

추억의 힘, 또는 위로(慰勞)의 경도(傾倒)

백인덕 시인

1.

추억은 '힘'이 세다. 주지의 사실이지만, 우리는 숙명적으로 쌓이는 만큼 소멸되는 시간을 산다. '기억'이라는 정신적 기제(system)가 구비되지 못했다면 문명이나 역사 이전에 한 존재의 성립 자체가 불가능했을 것이다. 이 기억을 현재로 소환하는 행위를 일반적으로 '추억'이라 한다. 모든 사태가 그러하듯 추억도 '빛과 그늘'의 양면성을 갖는다. 지나친 과거지향은 생생한 현실로서의 오늘을 정체시키고, '나'를 과거 속에 되던져 '정체성'의 위기를 초래한다. 옛말 그대로 '온고지신(溫故知新)'의 자세가 견지될 때 추억은 그 센 '힘'을 창조적 동력으로 바꾼다. 특히 시의 경우에는 극적인 계기(motif)로 동기화(motivation)가 된다. 다시 말해, 단순히 '추억할 수 있음' 혹은 '추억할 내용이 있음'에 그치는 것이 아니라 '추억함으로 인해 오늘을 견딤' 나아가 '오늘을 잘 살아나감'에 닿을 때, 시에서 '추억은 힘이 세다'는 명제가 증명된다.

전해선 시인은 위 사실에 대한 명확한 인식을 확보하고 있다. 시적 인식이란 결국 작품을 통해 형상화되기 마련인데, 다음의 인용 작품은 이에 대한 충분한 증거를 제시한다.

> 쏙닥쏙닥
> 세 여자가 숭덩숭덩 쑥을 캔다
> 대바구니 대신 비닐봉지 속에
> 차곡차곡 쌓이는 아득한 이야기 속에
> 설핏설핏 나타나는 옛사람
> 몽당치마 저고리 앞섶 검댕도 따라 나오고
> 개다리소반 위
> 김 오르는 밥상도 보인다
> 옛이야기 품은 칼놀림에 개미 떼 혼비백산 흩어지고
> 철 이른 날벌레 눈앞에서 어지러이
> 다가선 봄볕이 콧등을 물들여도
> 행여 오늘 놓칠세라 돌아갈 일 안 물어보고
> 껌벅껌벅 눈뜬 개구리 엉성한 발놀림
> 세 여자 웃음소리 봄 하늘이 출렁인다
> 쑥국, 쑥차, 쑥버무리, 쑥개떡, 쑥인절미
> 있는 대로 늘어놓고

추억을 캐는 봄 여자들

—「쑥떡」 전문

여느 들에서나 한 번쯤은 본 듯한 봄 정경(情景)이 펼쳐져 있다. “행여 오늘 놓칠세라 돌아갈 일 안 물어보고” ‘세 여자가’ ‘대바구니 대신 비닐봉지’에 쑥을 캐 담는 것을 보면, 필경 그 지역민이 아니라 행락객임을 쉽게 알 수 있다. 이들이 ‘쑥’ 캐기에 이토록 열중하는 이유가 ‘견문생심(見物生心)’ 의 욕망일 수는 없다. 사실 그들은 “옛 이야기 품은 칼놀림”에 빠져 있기 때문이다. 그들이 캐는 것은 옛사람, “몽당치마 저고리 앞섶 검댕”, “개다리소반 위/김 오르는 밥상”이다. 즉 추억을 캐고 있는 것이다. 사족이지만, ‘쏙닥쏙닥↔숭덩숭덩’과 ‘차곡차곡↔설핏설핏’과 같은 의성, 의태어의 상호 교환이 이 작품의 음조를 한층 밝게 해주고 있다.

이 작품에서 주목하게 되는 점은 “추억을 캐는 봄 여자들”이 아니다. 오히려 그들의 자세인데, “껌벅껌벅 눈뜬 개구리 엉성한 발놀림”과 “웃음소리 봄 하늘이 출렁인다”는 그 ‘흥(興)’에 있다. 그들이 흥겨운 이유는 캔 쑥이 “쑥국, 쑥차, 쑥버무리, 쑥개떡, 쑥인절미”가 될 것이라는 기대 때문인데, 이 기대는 사실 과거의 체험으로부터 유추된 것들이다. 즉, 내일의 기대가 과거의 기억을 통해, 물론 ‘쑥’이라는 매개물을 통과하지만, 어쨌든 기억이 기대로 전환되는 사태의 ‘흥겨움’이 그대로 드러나 있다.

전해선 시인의 이번 시집, 『뒤가 이쁜』의 특질은 앞서 언급한 '홍'의 발현과 그에 수반하는 여러 양태들의 짜임이라고 볼 수 있다.

2.

우리 시, 명확하게 말하면 한국 현대시를 보는 관점들의 여러 문제점 중에서 하나를 생각해볼 필요가 있다. 그것은 '의미(meaning)'에 과도하게 집착한다는 점이다. 여러 이유를 생각해 볼 수 있지만, 제도 교육에서 '의도'나 '주제'를 지나치게 중시한 탓을 언급하고 싶다. 하지만 개별 작품(poem)은 어떤 거창한 사상이나 인식적 발견의 결과물이 없어도 그 자체로 '감각과 분별력(sense)'의 새로움으로 충분히 의미 있는 작품이 될 수 있다. 독자를 생각하는 입장에서는 더욱 그러하다.

전해선 시인은 '소재'나 '제재'의 차원에서 끌어올린 추억을 통해 '위로'의 '경도(傾倒)'를 보여줌과 동시에 그 '경도(經度)'를 그려나가고 있다.

> 몇 해 전 위 수술 받고 하시는 말씀
> 말 마라, 우리 젊었을 땐 전쟁과 가난으로
> 금목걸이, 손목시계가 무에더냐
> 지금 세상은 행복 그 자체지

이런 세상이 나는 좋구나
활짝 웃으며 쌀밥을 이윽히 바라보시는
당신의 눈 속으로 B29가 날아갑니다
세상은 저절로 만들어진 게 아니라며
알약을 한 움큼 삼키십니다
작은 불편에도 참을 줄 모르는
저를 비로소 돌아봅니다

—「약이 필요해」 부분

기억이 현재로 소환되는 경로는 복잡다단하지만, 그 내용은 비교적 쉽게 이해할 수 있다. 가장 충격적이고 낯선 기억이 우선적으로 소환되는 것이 아니라 '현재적 필요'가 절실한 것이 먼저 떠오른다. 친숙한 것들 중에서 '가족'이 첫째 범주가 되는 이유가 여기에 있다. 또한 이 '현재적 필요'란 다른 말로 하면, 일종의 유사경험을 지향한다는 것인데, 시인에게 '어머니'가 그 첫 대상이 되는 것은 너무도 자연스러운 귀결이라 할 수 있다.

다시 아침이 오고
손녀의 참머리 땋아 주시던
더 낡을 데 없이 고운 손길
비너스의 어깨에 놓인 고둥빛 아니어도
당신의 가지런하던 흰머리 생각에
희끗한 중년의 머리카락 길게 풀어

올올이 빗어 내립니다
오래오래 당신을 빗겨 드립니다

—「빗」 부분

위에 인용한 작품은 '할머니'의 추억을 근간으로 한다. 시인은 다른 작품, 「끅끅」에서 "삼대독자인 남동생이 태어나기 전"의 가족을 묘사하면서 '할머니, 할아버지, 엄마, 아버지, 언니, 여동생'을 잇달아 호명하고 있다. 이를 통해 할머니와의 깊은 유대를 유추할 수 있게 하는데, 지금 시인은 손녀의 참머리 땋아 주시고, 늘 가지런하던 흰머리를 생각하며 자신의 "희끗한 중년의 머리카락 길게 풀어/올올이 빗어 내"리고 있다. 머리카락이 닮았는지는 알 길이 없지만, 어쨌든 올곧은 어떤 자세가 가풍(家風)처럼 시인에게 전해졌음을 짐작할 수 있다. 그러므로 할머니는 전범(典範)과 같아 일상 속의 반성을 이끌어내기보다는 시인이 자성(自省)의 태도를 취했을 때, 추억하는 대상이라고 해야 할 것이다.

반면에 '어머니'는 삶, 또는 생활과 밀착된 연관성을 드러낸다. 가령, 「탱자나무」에는 "고동을 삶아 먹을 때 하시던 엄마의 말씀/가서 울타리 가시 좀 잘라 오너라/손가락에 박힌 가시 빼낼 적에 엄마는/그 나무가시로 살 속 가시를 빼내곤 하셨지/나무가시는 독이 없어 괜찮다며/밥상을 물리고 나면 다시금/가시 좀 잘라오라 하시던/뾰족한 그 가시는 요긴한 이쑤시개였"던

일화, 즉 일종의 생활의 지혜의 전수가 등장한다. 바로 이러한 면이 "작은 불편에도 참을 줄 모르는/저를 비로소 돌아봅니다"(「약이 필요해」 부분)라는 자기고백을 가능케 한다. '위 수술'의 불편에도 불구하고 '쌀밥'을 바라보시지만 이윽고 '알약을 한 움큼' 삼키는 것으로 대신할 수밖에 없는 어머니의 삶을 시인은 관조하는 것이 아니라 또는 동화(同化)되는 것이 아니라 자신의 성찰적 계기로 전환하고 있다. 바로 이것이 '추억은 힘이 세다'는 명제를 반증하는 전해선 시인의 개성적 방법이기도 하다.

그렇다면 이제 '추억'이 '위로'로 경도(傾倒)하는 경로를 살펴볼 시점이 왔다. 일반적으로 위로한다는 것은 거리(距離)를 두어서는 안 되는 일처럼 여기기 십상이지만, 종교적 태도가 아니라면, 즉 시는 결국 거리의 산물이므로 이 일반론을 받아들일 수는 없다. 전해선 시인은 「넘실거리는 너를 보다」에서 "바람 따라 나부끼는 노란 리본 하나씩 걸고/갈매기의 날갯짓도 지쳐가는 나날/손 놓은 시간들/ 꾸역꾸역 밥을 넣으면서/막막 펴 먹으면서" 소위 '살아남은 자의 슬픔'을 정제된 형태로 형상화하고 있다. 세월호의 가여운 영혼들이 떠돌고 있는 안산에 거주하고 있는 필자로서는 완성도 높은 '위로의 시'를 접하게 된 것이 기쁘다. 이 또한 모순어법이지만. 위로란 행동에의 요청만큼이나 긍정의 힘을 필요로 한다. 현실은 결코 부정을 부정어법으로 말한다고 해도 긍정이 되지 않는 차원이기 때문이다.

밥상 위의 수저
그 뒤편에 말라붙은 밥풀
김칫국물 얼룩진 행주
살강에 엎드린 간장종지
개수대에 밥그릇 담글 때
이불은 장롱을 열고 나와 엎어졌다
베란다에 쌓인, 꿈쩍 않는 헌책들
방 모서리에 뒹구는 양말짝
신발은 현관 바닥에서 서로를 포개고
못다 한 외출을 꿈꾸는데
야근으로 파김치가 된 나날
머리카락 사이로 헤벌어진 입술
드르룽 꿀꺽 엇박자 장단에
방구들이 풀썩이고
중천의 해도 뒤꿈치를 들고
오지 마 깍깍 오지 마 깍깍
까치의 허스키한 목소리 갈라 터져도
아침잠으로
열반 들자 열반 들자
더없이 평화로운

—「그들을 응원합니다」 전문

전해선 시인은 기억에서, 또 체험을 통해 자기 존재를 정위

(定位)할 소중한 지혜를 얻었다. 「탱자나무」에서 "이것 봐라 얼마나 겁이 났으면/제 몸을 이토록 살벌하게 만들겠니"라는 어머니의 혼잣말을 통해 모나고, 뾰족하고, 날카로운 것들의 실체를 짐작할 수 있었고, 「무딘 칼날」에서는 "새 칼을 차마 쓰지 못하고/헌 칼만 힘들게 썼드랬습니다/칼날로 써는 게 아니라/팔 힘으로 끊는 겁니다/어느 날 새 칼을 꺼내들다가/슬그머니 제자리에 갖다 둡니다/좀 더 무뎌질 때까지 기다리기로 합니다/며칠 지나 다시 새 칼을 꺼냅니다/큰 맘 먹고 쓰다가/손가락에서 솟는 피를" 본 경험을 통해 '날선 사람'들에 의해 베이는 '마음'의 아픔을 알게 된다. 이 모두는 결국 시인이 극복해야 할 하나의 장애로 작동하는데, 시인은 이를 회피하기보다는 표면 아래로 내려가는 전략을 선택한다.

앞의 인용 작품은 표면에 드러난 그대로 "야근으로 파김치가 된 나날"을 영위, 아니 견뎌야 하는 고단한 삶의 면면을 노출하고 있다. 어찌 보면 초라하고, 누구나 회피하고 싶은 생활이지만 시인은 '중천의 해'마저 "오지 마 깍깍 오지 마 깍깍" 기원하면서 "열반 들자 열반 들자/더없이 평화로운" 그들의 '아침잠'을 응원하고 있다. 사실이냐, 시인의 바람이냐는 별 문제가 아니다. 다만 주목해야 할 점은 시인이 「감포항」에서 보았던 수많은 허명(虛名)의 세계를 거부하면서 이 생생한(vivid) 현실을 '응원'한다는 데 있다. 덧대어 '홍'을 북돋을 수 있다면 '금상첨화(錦上添花)'가 될 것이다.

어쩌면 이런 긍정성은 전해선 시인이 가진 시적 특질일지도 모른다. "코끼리 거죽 같은 노인 몇/꾸물꾸물/지난 시절 다 잊고/강아지 지나가고/고양이 지나가고/소나기 한 줄금 몰래 흩뿌리는"(「오랜 나무 아래」)에서 보이는 적절한 거리의 설정과 객관적 묘사를 보라. 또한 이런 시도 있다. "된장 뜨러 가요 하면서 웃는/그 모습에 무뚝뚝한 아저씨는 실눈을 뜨고/그런 겁니다 산다는 일은/그녀는 오늘도 된장을 뜨러 갑니다/밥 짓는 여자의 웃음이 환합니다/세상에서 가장 좋은 남자는/자기 여자를 웃게 하는 남자입니다"(「좋은 남자」)라는 구절을 읽다 보면 전해선 시인의 시적 세계관을 엿볼 수 있다.

3.

전해선 시인은 이번 시집, 『뒤가 이쁜』에서 '추억의 힘', 즉 '흥(興)'이 어떻게 '위로(慰勞)'로 전환될 수 있는가에 대한 어떤 맹아(萌芽)를 보여주었다. 시인이 의도한 바가 아니라면 더 깊은 고민과 작품들을 통해 실제적으로 구현될 수 있으리라 믿는다. 시가 시인의 의도대로 제작되는 것에 지나지 않는다면, 아마도 '시(poetry)'의 수명은 수 세기 전에 끝나버렸을 것이다. 시인의 추억을 한계 짓는 범주로서 '가족' 다음으로 '자연, 지리' 측면을 살펴봐야 했지만, 이 글의 기획 단일성을 위해 생략했다. 눈 밝은 독자와 평자를 기대한다.

한 생 꽃피우기도 전에
연한 살
똑 똑 부러뜨렸다

설움마저 이토록 향기롭다니!

그 향기에 알맞다는
아홉 번의 고비를 어찌 견딜지……

마음이 쓰다

—「차를 따다가」 전문

시작(詩作)에 대한 진솔하고, 빈틈없는 자세가 위와 같은 빼어난 시를 낳게 했다. 시인은 "마음이 쓰다"고 직설적으로 토로하고 있지만, 감히 상상컨대 그것이 방법이 되지는 않을 것이다.

그렇다면 시인의 방법론은 어떤 형상으로 구체화될까, 유추와 상상 끝에 이 시집의 표제작인 작품을 다시 생각해본다.

은사시 나뭇잎은 떨어야 아름답다
바람이 멋들어지게 부는 날이면
돌아앉아 들썩이는 은빛 유혹
산산 골골이 황홀경에 빠지고
일시에 반짝이는 잎, 잎, 잎들

무수하게 번지는 바람의 얼굴
참 예쁘구나
천둥 벼락도 비껴 지나는
너의 다른 이름은 자작나무
누군가 이름을 불러줄 때마다
자작자작 자작자작 자작자작
신명에 겨워 웃다가 자지러지고
뒤집어져야만 은빛으로 떠는 너는
다시 등을 돌려
시치미 떼고 섰다

—「뒤가 이쁜」 전문

관찰의 경험을 갖고 있는 필자는 무한 동의한다. '은사시나무'와 '자작나무'의 변별성이 중요한 것이 아닐 것이다. 세상의 어떤 나뭇잎도 제 스스로 떨지 못한다. 우리는 그 작용하는 힘에 대해, "참 예쁘구나", 말 그대로 반응할 수 있는 감각을 키우는 것이 우선일 것이다. 그렇게 하면, "자작자작 자작자작 자작자작/신명에 겨워 웃다가 자지러지"는 존재가 되어 있을지도 모른다. 이 신명이 흥을 돋워 한 세상을 거뜬히 살아나가게 할지도 모를 일이다. 전해선 시인의 다음 행보에 기대를 걸어도 좋은 이유가 여기에 있다. 정진을 빈다.

이 도서의 국립중앙도서관 출판시도서목록(CIP)은 서지정보유통지원시스템 홈페이지(http://seoji.nl.go.kr)와 국가자료공동목록시스템(http://www.nl.go.kr/kolisnet)에서 이용하실 수 있습니다.(CIP제어번호: CIP2016001483)

문학의전당 시인선 221
뒤가 이쁜
© 전해선

초판 1쇄 인쇄 2016년 1월 20일
초판 1쇄 발행 2016년 1월 27일
지은이 전해선
펴낸이 고영
책임편집 이현호
디자인 헤이존
펴낸곳 문학의전당
출판등록 제311-2012-000043호
주소 서울시 은평구 연서로11길 7-5 401호
편집실 서울시 마포구 마포대로 127, 413호(공덕동, 풍림VIP빌딩)
전화 02-852-1977
팩스 02-852-1978
블로그 http://blog.naver.com/mhjd2003
전자우편 sbpoem@naver.com

ISBN 979-11-5896-242-5 03810